LA FARCE DE MAÎTRE PATHELIN

An adaptation for intermediate students of French

Pierre Spierckel

National Textbook Company
a division of *NTC Publishing Group* • Lincolnwood, Illinois USA

Published by National Textbook Company, a division of NTC Publishing Group.

Lincolnwood (Chicago), Illinois 60646-1975 U.S.A.

Manufactured in the United States of America.

4 5 6 7 8 9 0 VP 9 8 7 6 5 4 3 2 1

Introduction

French comical theater is a medieval invention. Prior to the 12th century, religious plays (*les mistères*) were very long and were "stuffed" (*farcis,* hence, *les farces*) with short vignettes involving comical situations. The first independent farces appeared in the 13th century, but it took almost two hundred years before a play of the quality of *La farce de maître Pathelin* was written.

Between 1460 and 1465, an unknown scholar wrote *La farce de maître Pathelin* for university students in Paris. It became so famous that as early as 1469, the verb *patheliner* (meaning "to pretend to be sick") could be found in books.

Why was the play so successful?

It was the first farce without sticks, heavy blows, and running around—the first in which the audience laughed because of the text itself and not because of the situation. It was also the first in which characters were real, not abstract puppets personifying a quality or a shortcoming. The characters were human beings lacking all moral values, and the play revealed all their faults.

La farce de maître Pathelin has been published in numerous editions over the centuries. Certainly Molière knew it. Today, it is often performed in the French theater, and the proof of its success is that the verb *pateliner* and the noun and adjective *patelin* are still found in dictionaries.

The original was written in *moyen français,* a language not understood today. What you will read is a new version, translated into modern French and slightly abridged. The original style of octosyllabic verse has been kept, since it gives rhythm to the play and maintains the flavor and the spirit of the original 15th century work.

But enough talk. As the judge in the play would say, *revenons à nos moutons*—back to the subject at hand. We hope that you will enjoy reading *and* performing *La farce de maître Pathelin.*

CONTENTS

Nos habits: élimés, râpés.
Quand pourrais-je les remplacer?
Belles études, beau résultat!

SCÈNE PREMIÈRE

MAÎTRE PATHELIN; GUILLEMETTE, SA FEMME

Chez maître Pathelin.

PATHELIN

Sainte Marie, Guillemette,
J'ai beau chaparder° ça et là,
Mais quelque peine que j'y mette°
Je ne ramasse° toujours pas
Beaucoup d'argent, moi, l'avocat
Le plus doué° de la région!

chaparder voler de petites choses

mette du verbe **mettre**

ramasse gagne

doué *gifted*

GUILLEMETTE

C'est drôle ce que tu dis là:
J'y pensais . . . dans notre maison
Les clients te cherchaient souvent
Pour leurs procès,° mais maintenant,
On nous oublie . . .

procès *legal cases*

PATHELIN

Sans me vanter,°
Je connais peu d'hommes qui sont
Aussi forts dans la profession.

me vanter *ici,* exagérer

GUILLEMETTE

Ça nous a si peu rapporté!
Faut-il en pleurer ou en rire?

Pathelin

Ma mie,° je ne saurais mieux dire:
Si je veux, je gagne un procès
Sans même l'avoir préparé.
Je sais le latin comme un prêtre!

ma mie mon amie

Guillemette

Tu parles le latin, peut-être,
Moi, je sais que nous avons faim
Et que je n'en vois pas la fin!
Nos habits: élimés,° râpés.°
Quand pourrais-je les remplacer?
Belles études, beau résultat!

élimés très usés

râpés *shabby*

Pathelin

Paix! Je suis un bon avocat...
Si je voulais, je saurais bien
Où nous avoir des vêtements.
Il suffit de... trouver comment...
Je crois que ce ne sera rien.
J'y réfléchis et tu verras
Sous peu nous serons sur pied! Ah!
La bonne idée... un vrai régal!°
Vrai! nul° ici n'est mon égal!

régal *treat*

nul personne

Guillemette

Sans doute, égal en tromperie:°
Dans ce domaine, tu es parfait!

tromperie fraude

Pathelin

Non tromperie mais plaidoirie.°

plaidoirie discours d'un avocat

GUILLEMETTE

Non, non, en tromperie! Je sais
Ce que je dis et je soutiens
Que tu es le plus grand vaurien°
De la ville.

vaurien bon à rien

PATHELIN

Allons! dis-le moi
Que je suis un bon avocat!

GUILLEMETTE

Je dirais que tu es surtout
Connu comme un très grand filou!°

filou voleur

PATHELIN

(Qui ne veut pas entendre.)

Être un bon avocat n'est pas
À la portée du tout venant.°
Qu'il soit fait de toile° ou de soie°
L'habit n'en est pas suffisant.

tout venant n'importe qui

toile *canvas*

soie *silk*

GUILLEMETTE

Il suffirait d'avoir des gages! . . .°

gages argent reçu contre un travail

PATHELIN

Bon! . . . cessons-là ce bavardage.°
Je pars au marché.

bavardage *chattering*

GUILLEMETTE

Au marché?

Pathelin

Puisque nos habits sont usés,
Je vais choisir un ou deux draps,
Qu'ensuite tu découperas
Pour nous coudre° des vêtements.

coudre *to sew*

Guillemette

Mais comment? Tu n'as pas d'argent!

Pathelin

J'aviserai . . .° Quelle couleur
Pourrais bien faire ton bonheur?

aviserai *will see*

Guillemette

Ce que tu trouves, tu prendras:
Qui emprunte° ne choisit pas.

emprunte *borrow*

Pathelin

(Comptant sur ses doigts.)

Voyons . . . il t'en faudrait combien? . . .
Est-ce que vingt pieds seraient bien?

Guillemette

Tu comptes large! On prêtera°
À cette sorte d'avocat?

prêtera *will lend*

Pathelin

On me le prêtera, vraiment! . . .
Pour le rendre à la fin des temps!°

la fin des temps c'est-à-dire, jamais

GUILLEMETTE

Jusque là, nous serons couverts!
Pars au marché, donc, hardiment!°
Cherche, choisis et prends ton temps,
Pour tromper, tu es un expert!

hardiment avec courage

PATHELIN

(En partant.)

Garde la maison!

GUILLEMETTE

(Seule.)

Comédien!
Pourvu que l'autre ne voit rien...

QUESTIONS

1. Quelle est la profession de maître Pathelin?
2. Que fait-il aujourd'hui pour trouver de l'argent?
3. Guillemette est-elle contente de la profession de son mari?
4. A-t-elle confiance en son mari? Pourquoi?
5. Pathelin a-t-il vraiment l'intention d'emprunter du tissu? Pourquoi?

SCÈNE 2

Maître Pathelin;
Guillaume Joceaulme, le drapier

Devant la boutique du drapier.

Pathelin

(À part.)

Voyons, où est-il? . . . Le voilà
Occupé à ranger ses draps . . .

(Au drapier.)

Bien le bonjour!

Guillaume Joceaulme, le drapier

Bonjour!

Pathelin

Je viens
Pour voir si vous vous portez bien,
Guillaume.

Le drapier

Je vais bien, merci.

Pathelin

Hé! Serrez-moi la main.

Le drapier

(Lui serrant la main.)

Voici,
Bonjour, bonjour.

Pathelin

Je suis heureux
De voir que vous allez au mieux.

Le drapier

Oh! dans le commerce de drap
On connaît des hauts et des bas.

Pathelin

Votre marchandise se vend,
N'est-ce pas?

Le drapier

Dieu m'aide! pourtant
Le travail, lui, ne manque pas!°

ne manque pas *isn't lacking*

Pathelin

Ah! je vous reconnais bien là!
Tout le portrait de votre père,
Que Dieu ait son âme. J'espère
Qu'on se souvient de lui souvent,
Car j'étais son ami fervent:
C'etait un marchand bon et sage.

(Il dévisage° le drapier.)

dévisage *stares at*

Vous lui ressemblez de visage . . .
Son portrait craché!° Dieu merci!

portrait craché *spitting image*

Le drapier

Amen!

Pathelin

Il m'a souvent prédit,°
Les temps qu'on connaît aujourd'hui.
Ah! Je pense souvent à lui ...

a prédit *predicted*

Le drapier

(L'interrompant.)

Asseyez-vous, monsieur. Pardon
D'avoir tardé ...°

tardé attendu trop longtemps

Pathelin

Vous êtes bons ...

(Il s'asseoit.)

«Donc», me disait-il, «vous verrez
d'extraordinaires merveilles!»

(Il regarde à nouveau le drapier.)

Le nez! la bouche! les oreilles!
Et les yeux! ... mais on croit rêver ...
Jamais enfant ne ressembla
Autant à son père! ... craché,
Vraiment, son portrait tout craché,
Vous dis-je! ... Lorsque l'on vous voit,
On voit votre père! ... et gentil:
Il prêtait à tous ses amis!

(Il rit.)

Si tout le monde ressemblait,
À ce saint homme on ne serait
Pas volé comme ces temps-ci ...

(Il touche une pièce de drap.)

Que ce drap est beau, souple et si
Doux, bien tissé.°

tissé *woven*

Le drapier

C'est que le fil
Est de la laine de mes bêtes.

Pathelin

Pas étonnant: tel père, tel fils!
Ce n'est pas seulement sa tête,
Mais son courage, que vous avez!

Le drapier

Que voulez-vous, sans travailler
Rien ne se fait!

Pathelin

Ah! c'est bien dit!...

(Il touche une autre pièce d'étoffe.°)

étoffe *fabric*

Et ce drap-là est-il aussi
De la laine de vos moutons?

Le drapier

Non, il vient de Rouen!...

Pathelin

Très bon!...
Je ne voulais pas acheter
De tissu en venant chez vous,
Mais là, je suis tenté,° j'avoue ...
J'ai bien quelque argent de côté
Pour rembourser un prêt ... Quel drap!
Quelle couleur superbe!... Là!
Vous pourriez bien m'en demander
Vingt, trente écus ...° sans résister
Je serais prêt à ...

tenté *tempted*

écus anciennes pièces de monnaie

Et ce drap-là! . . .
Plus je le vois et plus je l'aime.
Cher? Je l'achèterais quand même . . .

Le drapier

(À part.)

Trente écus!
Ce naïf est le bienvenu!

(À Pathelin.)

Si vous savez leur expliquer,
Vos créanciers,° sans rechigner,°
Voudront bien se payer plus tard:
Seulement un léger retard . . .

créanciers *creditors*

rechigner hésiter

Pathelin

Ils attendront, et . . . au-delà!°
Si je le veux . . .

au-delà plus loin

(Il touche une autre pièce d'étoffe.)

Et ce drap-là! . . .
Plus je le vois et plus je l'aime.
Cher? Je l'achèterais quand même . . .

Le drapier

Ah! c'est qu'il vaut de l'or ce drap! . . .
Je vous en vends dix ou vingt francs?

Pathelin

C'est d'accord. J'ai un peu d'argent
Qui n'a vu ni père ni mère.°

ni père ni mère c'est-à-dire, qui n'existe pas! Le drapier comprend: qui ne vient pas d'un héritage . . .

Le drapier

Loué Dieu! Topons-là,° compère!

topons-là D'accord! Tapez dans ma main!

Pathelin

Je veux aussi de ce drap-là.

LE DRAPIER

Vous en prendrez quelle longueur?
Décidez. Pour votre bonheur
La pièce entière suffira ...

PATHELIN

Il ne faut pas exagérer!
(Il touche une pièce d'étoffe.)

LE DRAPIER

Cette étoffe bleue, vous aimez?

PATHELIN

D'abord, combien en voulez-vous?

LE DRAPIER

Vingt-quatre sous l'aune.°

aune
1,18 m (ancienne mesure)

PATHELIN

Vingt-quatre!
Ah! je crois que vous êtes fou! ...
Jamais! ... Ma femme va me battre.

LE DRAPIER

Hé! c'est le prix qu'il m'a coûté.
Vous avez vu sa qualité!

PATHELIN

Vingt-quatre! ... Diable! c'est beaucoup!

Le drapier

Le prix des tissus a monté:
Le froid de cet hiver . . .

Pathelin

Vingt sous!

Le drapier

C'est très facile à calculer.
Je pourrai le vendre à ce prix
Sur le marché du samedi . . .

Pathelin

N'en parlons plus: j'achète! allez.

Le drapier

Vous en voulez combien? Parlez,
Je vous en prie . . .

Pathelin

Quelle largeur?

Le drapier

Deux aunes.

Pathelin

Trois aunes pour moi
Donc; pour ma femme . . . euh . . . en longueur,
deux et demi, ce qui fait six.

Le drapier

Moi, j'en compte cinq et demi.

Pathelin

Exact! Mais j'en prendrais bien six
Pour me tailler un chaperon.°

chaperon chapeau

Le drapier

Aidez-moi à mesurer . . .

(Ils mesurent le drap ensemble.)

. . . Bon!

Pathelin

Ça tombe juste!

Le drapier

Bon présage!°

présage *omen*

Pathelin

Combien le tout?

Le drapier

Vingt-quatre sous . . .

Pathelin

Six écus! cela fait beaucoup.
Je me demande si c'est sage!

Le drapier

. . . L'aune, par six, ça fait neuf francs!

Pathelin

C'est beaucoup . . . mais je suis content!
Seulement, je ne les ai pas.
Voulez-vous me faire crédit?

(Le marchand fait non de la tête.)

Non, ce n'est pas ce que je dis:
Vous viendrez les prendre chez moi!

Le drapier

Vous habitez dans les faubourgs:
Cela me fait un grand détour!

Pathelin

C'est vrai! et vous avez raison
Mais vous y viendrez sans façons:°
Vous partagerez mon dîner,
Un poulet qui est à tourner
Sur broche . . .°

sans façons *without fuss*

broche *spit*

Le drapier

J'irai! . . . mais je dis
Qu'il n'est pas bon faire crédit
Au premier achat.

Pathelin

Poulet frit,
Pièces d'or, arrosées de vin,
Cela ne vaut-il pas le coup?°

vaut le coup *worth it*

LE DRAPIER

(À part.)

Cet homme-là me rendra fou!

(À Pathelin.)

C'est bien, allez devant . . . Je viens!
J'irai chez vous dans un instant,
Avec le drap.

PATHELIN

Non, pas besoin
De vous en charger: je le prends.

LE DRAPIER

Ne vous en faites pas: je viens! . . .
Je dois maintenant vous laisser
Car il faut bien que je travaille.

PATHELIN

Vous travaillez trop! Regardez:
Sous le bras, hop! la belle affaire!
J'y vais. Et nous ferons ripaille°
À ma table!

faire ripaille manger énormément

LE DRAPIER

(À part.)

Oh! va-t-il se taire?

(À Pathelin.)

A condition de me donner
Mon argent dès mon arrivée!

PATHELIN

Vous apprécierez ma cuvée°
Et le repas. Puis, vous aurez
Votre argent, j'en suis le garant.°
Adieu!

cuvée qualité du vin

garant personne qui garantit

LE DRAPIER

Préparez mon argent,
Réunissez vos pièces d'or!

PATHELIN

(S'en allant, à part.)

Son argent? Ses pièces? Son or?
Il peut aller se faire pendre:°
Puisqu'il n'a pas voulu me vendre
À mon prix, je le paie au mien:
Il veut de l'or? Qu'il en fabrique!
Qui rira dernier rira bien:
Il peut courir jusqu'en Afrique! . . .°

se faire pendre *hang himself*

jusqu'en Afrique c'est-à-dire, très loin

LE DRAPIER

(Seul.)

Les écus qu'il va me donner
Arrangeront bien mes affaires:
Je vais les économiser . . .
Eh! ce client croyait bien faire.
À client adroit vendeur fort.
Cet idiot me donne son or
Pour un drap qui n'en vaut pas tant . . .
Ce matin est encourageant! . . .

QUESTIONS

1. Comment Pathelin se rend-il agréable au drapier?
2. Le drapier est-il un commerçant honnête? Pourquoi?
3. Pourquoi Pathelin discute-t-il des prix?
4. Comment Pathelin arrive-t-il à convaincre le drapier de venir chez lui?
5. Pourquoi le drapier est-il content?

SCÈNE 3

Pathelin, Guillemette

Chez maître Pathelin.

Pathelin

Sais-tu ce que j'apporte là?

Guillemette

Quoi?

Pathelin

Attends, d'abord montre-moi
Ton vieux manteau.

Guillemette

Dans son état?
J'ai honte. Que veux-tu en faire?

Pathelin

(Il montre le drap.)

Ce tissu n'est-il pas son frère?

Guillemette

Vierge Marie! D'où vient celà?
Trois fois hélas! qui le paiera?

PATHELIN

Par saint Jean! c'est déjà payé!
Que je sois pendu si je n'ai
Roulé l'homme dans la farine!°

roulé dans la farine trompé

GUILLEMETTE

Combien a coûté ce grand bout?

PATHELIN

Je ne te dirais rien du tout:
Je voudrais que tu le devines . . .°

devines *guess*

(Voyant la tête de Guillemette.)

Il est payé, ne t'en fais pas!

GUILLEMETTE

Payé, dis-tu? Et avec quoi?

PATHELIN

Zut! tu exagères, arrête!
Si je te dis que c'est réglé
C'est inutile de meugler . . .°
Tu te souviens de cette dette? . . .

meugler crier comme une vache

GUILLEMETTE

Ça va! C'est facile à comprendre:
Ta dette qu'il faut rembourser
Tu as préféré l'oublier . . .
Ici l'huissier° viendra tout prendre
Lorsque son terme° arrivera!
Tu n'avais pas pensé à ça?

huissier *process server*

terme date à laquelle il faut payer

Pathelin

Zut et re-zut! ce bout entier
Ne m'a pas coûté un denier!°

denier
ancienne pièce de monnaie

Guillemette

Quoi? pas un denier? Mais comment?

Pathelin

Qu'on m'arrache° toutes les dents
S'il m'en coûte un denier de plus.

arracher
to pull

Guillemette

Mais tu ne m'as pas répondu ...

Pathelin

C'est un marchand, prénom Guillaume,
Son nom de famille? Joceaulme,
Puisque tu tiens à le savoir.

Guillemette

Mais comment as-tu pu l'avoir?
Comment a-t-il bien pu vouloir
Te donner, sans un peu d'argent,
Ce bout de drap, lui si méfiant?°

méfiant
suspicious

Pathelin

Tu sais, il suffit de vouloir:
Je suis allé à son comptoir
Et lui en ai dit tant et tant,°
Lui ai fait tant de compliments
Qu'il me l'aurait presque donné!

tant et tant
beaucoup

GUILLEMETTE

Tu veux dire, euh ... donné ... donné?
Enfin, donné ... à ne pas rendre?

PATHELIN

C'est bien ainsi qu'il faut l'entendre.
Mais il va venir pour dîner:
Je lui ai promis un poulet
Pour l'attirer dans la chaumière.°
Voici ce qu'il nous faudra faire:
Moi, je vais aller me coucher,
Etant malade et déprimé.°
Toi, quand il viendra, tu diras:
«Parlez plus bas!» Tu gémiras°
En faisant un triste visage,
«Hélas, depuis deux mois déjà
Qu'il est malade et que j'enrage°
Ne sachant quand il guérira.»°
«Mais que me racontez-vous-là,
Dira-t-il, il vient de chez moi!»
Toi, tu prendras l'air désolé:
«Pas le moment de rigoler!°
C'est très vilain° de se moquer
De ceux qui souffrent, qui gémissent ...»

chaumière modeste maison

déprimé mélancolique

gémiras pleureras

enrage *ici,* suis folle d'inquiétude

guérira ira mieux

rigoler plaisanter

vilain méchant

GUILLEMETTE

Pathelin, que Dieu te bénisse!...°
Je saurai bien tenir mon rôle.
Mais si cette situation est drôle,
Il faudra ne pas se faire prendre:
Tu finiras par te faire pendre
Si l'on apprend ce que tu fais.

bénisse protège

Pathelin

Suffit! il ne va pas tarder.
Si nous voulons garder ce drap
Je dois me coucher. Ne ris pas!

Guillemette

Je vais pleurer à chaudes larmes!°

pleurer à chaudes larmes *to cry heavily*

QUESTIONS

1. Quelle est la première idée de Guillemette lorsque son mari lui parle de sa dette?
2. Que va faire Pathelin?
3. Quel sera le rôle de Guillemette?
4. Guillemette est-elle une bonne comédienne? Pourquoi?

SCÈNE 4

Le drapier

Devant la boutique du drapier.

Le drapier

(Seul.)

Allons, il n'y a point d'alarme,°
Je bois un verre et vais manger.
Ah, mais non! . . . j'allais oublier
Que j'ai vendu tôt ce matin
Du drap à maître Pathelin
Et qu'en plus, il m'a invité,
Politesse et civilité,
A venir partager son dîner . . .
C'est toujours cela de gagner!

(Il quitte sa boutique et se dirige vers la maison de maître Pathelin.)

point d'alarme rien ne presse

QUESTION

Qu'est-ce que le drapier allait oublier?

SCÈNE 5

Le drapier, Guillemette, Pathelin

Devant la maison de maître Pathelin, puis à l'intérieur.

Le drapier

(Il crie.)

Ho! maître Pierre!

Guillemette

(Entr'ouvrant la porte.)

Hélas, beau sire
Si vous avez un mot à dire
Au moins veuillez parler plus bas.

Le drapier

Que Dieu vous garde, gente° dame.

gente
gentille *(vieux)*

Guillemette

Ho! plus bas!

Le drapier

Et quoi?

Guillemette

Par mon âme!°

âme
soul

Où pourrait-il se mettre
Ailleurs que couché dans son lit,
Où il croupit, bien affaibli . . . ?

LE DRAPIER

(Qui s'impatiente.)

Où est-il?

GUILLEMETTE

Quoi? Où doit-il être?

LE DRAPIER

(Curieux.)

Mais qui?

GUILLEMETTE

Où pourrait-il se mettre
Ailleurs que couché dans son lit,
Où il croupit,° bien affaibli,°
Car il souffre depuis deux mois
Sans en bouger? Pauvre de moi!

croupit *rots*

affaibli sans force

LE DRAPIER

Qui, enfin?

GUILLEMETTE

Pardonnez-moi, je n'ose
Parler plus haut car il repose.
C'est un mal qui fatigue tant
Qu'il en dort presque tout le temps!

LE DRAPIER

Me direz-vous?

Guillemette

C'est maître Pierre!
Qui a besoin de vos prières.

Le drapier

(Stupéfait.)

N'est-il pas venu ce matin
M'acheter, dans mon magasin . . .

Guillemette

Lui?

Le drapier

Lui!

Guillemette

Vous vous moquez, je crois,
Il ne peut sortir de ses draps!

Le drapier

Si! ce matin, il vint chercher
Six aunes de drap, à payer!
Maintenant, je veux mon argent.
J'ai attendu bien trop longtemps.

Guillemette

Croyez-vous qu'il est temps de rire
Alors que mon homme est au pire?

LE DRAPIER

Mon argent, je veux argent!
Il faut tout me payer: neuf francs!

GUILLEMETTE

Monsieur est donc un plaisantin:°
Allez rire avec vos copains!...

plaisantin *joker*

LE DRAPIER

Que je meurs ici sur-le-champ°
Si je m'en vais sans mon argent.

sur-le-champ immédiatement

GUILLEMETTE

À qui auriez-vous donc vendu,
Selon vous, neuf francs de tissu?

LE DRAPIER

À lui!

GUILLEMETTE

Lui?... S'il part un jour seul
C'est revêtu de son linceul!°
Depuis deux mois il est couché,
La maladie l'a terrassé ...°

linceul *shroud*

terrassé *laid low*

LE DRAPIER

Payez-moi donc et je m'en vais.

(À part.)

Je me passerai du° poulet!

me passerai du *will do without*

Pathelin

(Couché, à l'intérieur.)

Guillemette! un peu d'eau de rose:
Je m'éveille et me sens toute chose . . .
Où es-tu? Je suis réveillé.
Frotte-moi la plante° des pieds.

plante
sole

Le drapier

Je l'entends.

Guillemette

Voilà!

Pathelin

Ah! méchante!
J'entends quelques oiseaux qui chantent.
Qui t'as dit d'ouvrir la fenêtre?
J'ai froid! Tu veux ma mort, peut-être?

(Il délire.)

Chasse ces gens noirs! Marmara
Carimari, carimara°
Écarte-les! écarte-les!

marmara . . .
mots sans sens pour faire magique

Guillemette

(Entre dans la maison. À Pathelin.)

Voilà! . . . maître Pierre, s'il te plaît,
Cesse de crier!

(Au drapier.)

Il transpire!
Ses douleurs vont de pire en pire.

Pathelin

(Il délire.)

Tu ne sais pas ce que j'entends:
Des sons aigus, incohérents . . .
Je vois un moine° noir qui vole,
Et qui chante et joue de la viole! . . .°
Pas le chat noir!° non, pas le chat!
Il veut me couvrir de crachats! . . .°

moine *monk*

viole ancêtre du violon

chat noir le diable

crachats *spittle*

Guillemette

(Au drapier.)

Il ne sait plus qu'ahaner° . . .

ahaner *to pant*

Pathelin

(Épuisé.°)

Les docteurs m'ont assassiné . . .
De ces bouillies° qu'ils m'ont fait boire
La santé vient . . . Faut-il les croire?
Je meurs: Ah! quelle rigolade.°

épuisé *exhausted*

bouillies *porridges*

rigolade qui fait rire

Guillemette

(Au drapier.)

Hélas, venez voir le malade . . .

Le drapier

Est-il malade sérieusement
Depuis qu'il revint° de la foire?°

revint passé du verbe **revenir**

foire marché

Guillemette

La foire?

Le drapier

C'est toute une histoire:
Il s'en souvient certainement.

(À Pathelin.)

Du drap que je vous ai prêté
Il me faut l'argent, maître Pierre!

Pathelin

(Fait semblant de prendre le drapier pour le médecin.)

Docteur! plus dure que la pierre
Fut la crotte° que j'ai pétée°
Ce matin. Ne me donnez plus
De remèdes: je n'en peux plus!

crotte *dung*

péter *to fart*

Le drapier

Je veux mes neuf francs . . . Six écus!

Pathelin

Des pilules, je n'en veux plus!
Hier soir, j'ai vomi ma pitance,°
Pitié! avec un peu de chance
Je ne serai mort que demain!

pitance nourriture

Guillemette

Allez-vous-en, ayez pitié!

Le drapier

Non, non, je ne partirai point!

Guillemette

Puisqu'il n'a pas pu se lever!

LE DRAPIER

Sans mon argent ou mon tissu,
Il ne faut pas compter dessus!
Que Dieu qui me voit soit témoin:°
Je ne m'en irai pas à moins
D'avoir mon bien, car je devine …

témoin
witness

PATHELIN

Regardez de près mon urine:°
Ne vous dit-elle pas que je meure? …
Ne me quittez pas à cette heure!

urine
une ancienne manière de voir si quelqu'un était malade était d'examiner ses urines

GUILLEMETTE

Allez-vous-en! Ah, quel malheur:
Lui casser la tête quand il meurt!

LE DRAPIER

Je ne peux le croire malade;
C'est plutôt une défilade°
Car ce matin, là, je le vis;
Nous avons marchandé ensemble,
Il était très bien … Ce me semble …

défilade
manière d'éviter les problèmes

GUILLEMETTE

Vous avez mauvaise mémoire,
Je ne sais comment vous faire croire
Qu'il est malade et presque mort.
Allez un peu vous reposer
Car les voisins, qui vont jaser,°
Finiront par me porter tort.

jaser
to gossip

LE DRAPIER

Par Dieu, je ne sais quoi penser …
N'avez-vous pas même un poulet? …

Guillemette

Un poulet? la jolie demande,
À un malade, point de viande!
Vous voulez vraiment le tuer!

Le drapier

Pardonnez-moi car je ne sais
Vraiment ce qu'il faut en penser . . .

(Il sort. Devant la maison, à part.)

Dieu ou diable, je sais pourtant
Qu'il m'a pris six aunes comptant
Sans payer . . . La femme me trompe!
Il les a pris. Mais c'est une ombre
Que j'ai vu . . .

(Il part.)

Pathelin

(Toujours couché, à Guillemette, d'une voix basse.)

Il s'en est allé?

Guillemette

(À voix basse.)

Paix, j'écoute. Il part marmonnant,°
Secoue° la tête en grommelant,°
Comme s'il avait perdu l'esprit.°

Pathelin

Il est temps de sortir du lit.

marmonnant *muttering*

secoue *shakes*

grommelant *grumbling*

perdu l'esprit *lost his mind*

Guillemette

Surtout pas: il peut revenir
Et j'aurais du mal à mentir
S'il te trouve ici tout gaillard.°

gaillard
en bonne santé

Pathelin

Ah! le vilain,° méchant braillard,°
Qui ne voulait jamais te croire!

vilain
paysan, méchant

braillard
qui crie fort

Guillemette

(Elle éclate de rire.)

Oui. J'ai bien mérité de boire
Un grand verre d'eau à sa santé.

Le drapier

(Qui est revenu.)

Je crois que j'ai été joué!°
Quel est ce rire que j'entends?
Holà, Pathelin, mon argent
Ou mon drap! . . .

été joué
was fooled

Guillemette

Ce n'est pas possible:
Encore vous? C'en est risible°
Allez-vous me persécuter
Pendant longtemps? J'en ai assez
Mon mari, dont l'état empire . . .°

risible
ridiculous

empire
worsens

Le drapier

Mais je vous ai entendue rire.

GUILLEMETTE

Rire, moi? Que vous êtes bête!
C'est Pathelin qui perd la tête.
Il meurt! Allez le vérifier.
Allez! Entrez et vous verrez . . .

(On entend Pathelin râler.°)

râler *to groan*

LE DRAPIER

(Qui hésite.)

Cela peut être contagieux?

GUILLEMETTE

Comment, peut être? Pauvre vieux,
C'est la mal° peste° qui le tue!

mal *ici,* mauvaise

peste *plague*

LE DRAPIER

(Qui recule.°)

recule *backs away*

Bon, bon, j'en ai bien assez vu,
Mais j'étais sûr que ce matin . . .

GUILLEMETTE

On ne peut être sûr de rien:
Ce matin, il vivait encor.°
Maintenant il est presque mort!

encor encore

(Elle le reconduit à la porte.)

Bonne journée, maître drapier
Et n'oubliez pas de prier
Pour l'âme de mon cher mari
Qui en a bien besoin! . . .

Le drapier

(À part, à l'extérieur de la maison.)

Pardi!°
C'est Satan qui, pour me tenter,
A pris mon drap, Dieu me protège!
Je ne suis pas blanc comme neige,°
Mais j'ai bien peur d'avoir trouvé
Mon maître et j'en suis bien marri°
Quant au drap, jusqu'au pilori!°
Qu'il le garde puisqu'il l'a volé!

(Il va vers sa maison.)

pardi! *of course!*

blanc comme neige *innocent*

marri désolé *(vieux)*

pilori où finit un voleur

Guillemette

Donc, mon mari, roi des trompeurs,
Es-tu content de Guillemette?

Pathelin

J'avoue, madame, que vous êtes
Reine, si je suis empereur!

(Ils rient en quittant la scène.)

QUESTIONS

1. Que dit Guillemette pour convaincre le drapier que Pathelin est vraiment malade? Donnez quelques exemples.
2. Le drapier comprend-il vite qu'il y a un problème? Justifiez.
3. Que fait Pathelin pour faire croire qu'il est très malade?
4. Le drapier peut-il croire que Pathelin le prend pour un médecin? Comment?
5. Le drapier est-il prêt à repartir? Comment le savez-vous?
6. Le drapier croit-il vraiment que Pathelin est malade? Justifiez.

SCÈNE 6

Le drapier; Thibault Agnelet, le berger

Chez le drapier.

Le drapier

Diable! . . . pour qui me prend-on?
L'avocat croit que je suis fou,
Mon berger vole mes moutons
Et je ne dirais rien du tout? . . .

(Le berger entre.)

Ah! te voilà, sacré vaurien
À qui j'ai toujours fait du bien.
Voilà toute ma récompense! . . .°
Tu m'as fait une grande offense . . .

récompense *reward*

Le berger

Oh! mon seigneur! bonne journée!

Le drapier

Cesse toutes ces simagrées.°
Tu n'es qu'un mauvais serviteur
Voleur, hypocrite et menteur! . . .

simagrées *grimaces*

Le berger

Justement, je ne comprends pas:
Un homme que je ne connais pas
M'a parlé sur un méchant ton.
Il m'a dit que c'est vous, mon maître,
Qui dites que j'ai pris moutons
Et brebis,° et laine. C'est être
On ne peut pas plus dans l'erreur!
Juré: je ne suis pas voleur!

brebis femelles de mouton

Le drapier

Dis ce que tu veux. Mais je sais
Que je te traîne° au tribunal.
Tu dis que tu ne fais pas mal
Et moi, je sais ce que je sais.
Tu me rendras, je te l'assure,
Mon drap ... je veux dire, mes bêtes
Que tu as abattues.° Parjure!°
Les peaux et la viande: des dettes
Qui cumulent depuis dix ans!

traîne *drag*

abattues tuées

parjure! traître!

Le berger

Ne croyez pas les médisants°
Mon seigneur! Je suis innocent
Autant qu'un tout petit enfant!

médisants *scandal mongers*

Le drapier

Va, va, parle, tu me rendras
Ma laine et ma pièce de drap.

Le berger

Quel drap, seigneur? C'est d'autre chose
Que vous êtes furieux. Je n'ose
Rien dire quand je vous regarde.

Le drapier

Tu verras que demain les gardes
Du tribunal vont t'arrêter.

Le berger

Seigneur, ne peut-on s'accorder?°

s'accorder se mettre d'accord

Le drapier

Pas question! Tu me paieras tout,
Et drap, et moutons, et laine, ou
Tu finiras à la prison:
Cette fois-ci, ton compte est bon.°

ton compte est bon *your number's up*

Le berger

Puisqu'ainsi vous le désirez
Nous irons tous les deux plaider.°
Il faut donc que je me défende.

plaider aller au tribunal

QUESTIONS

1. Pourquoi le drapier veut-il aller au tribunal?
2. Pourquoi le berger dit-il, «C'est d'autre chose que vous êtes furieux»?

SCÈNE 7

LE BERGER, PATHELIN, GUILLEMETTE

Devant la maison de maître Pathelin.

LE BERGER

(Qui frappe à la porte de Pathelin.)

Y a-t-il quelqu'un?

PATHELIN

Qu'on me pende
Voilà le drapier qui revient!

LE BERGER

J'entends parler. Holà! quelqu'un!

GUILLEMETTE

(Bas, à Pathelin.)

C'est lui? Pas possible, tu crois?
Jamais il ne lâche sa proie!°

lâche sa proie *release his prey*

Pathelin

(Regarde par la fenêtre.)

C'est un autre.

(Au berger.)

Bonjour à vous!

Le berger

Je cherche l'avocat. C'est vous?
J'en ai besoin pour une affaire:
Tout seul, je ne saurais rien faire.
Si je vous prends, c'est pour gagner.
Ne craignez pas, je peux payer,
Même si je suis mal vêtu.

Pathelin

(Pathelin sort à la rencontre du berger.)

Ça m'intéresse. Qui es-tu? . . .
Explique-moi l'idée sans peur
Es-tu demandeur?° défendeur?°

demandeur celui qui accuse

défendeur celui qui se défend

Le berger

J'ai affaire à un commerçant
Pour qui je garde des moutons
Je les ai gardés bien longtemps
Mais le salaire n'était pas bon . . .
Dois-je dire la vérité? . . .

Pathelin

Diable! il le faut sans hésiter!
À son conseil, on doit tout dire.

LE BERGER

Bien. Toute la vérité, sire,
C'est que je les ai assommés,°
Que plusieurs en ont trépassé.°
Alors que je lui faisais croire
Qu'ils mouraient d'un mal péremptoire! . . .°
«Malheur!» disait-il, «jette-les
Pour que les autres soient sauvés.»°
Mais pour parler en vérité,
De cette viande j'ai gardé
Les bons morceaux pour les manger!
J'en ai fait tant qu'il s'est douté
De quelque chose. Il a changé,
A perdu sa confiance en moi,
M'a fait espionner° quatre mois:
J'ai été surpris sur le fait . . .
Jamais je ne pourrais nier!°
C'est pourquoi je viens vous prier
De me défendre. J'ai l'argent
Pour vous payer votre content.°

assommés frappés sur la tête

ont trépassé sont morts

péremptoire certaine

sauvés en cas de contagion

espionner *to spy*

nier *to deny*

votre content votre satisfaction

PATHELIN

Par ma foi, tu me vois bien aise:°
Cause bonne sera mauvaise
Par mon seul art: me paieras-tu?

bien aise heureux

LE BERGER

En bon argent, en bons écus!

Pathelin

Bien ... Tu es assez malicieux°
Pour comprendre le piège hardi°
Où va tomber ton ennemi.
Stratagème plus qu'astucieux°
Que seul un avocat malin°
Comme moi, maître Pathelin
Peut concevoir et appliquer! ...
Beaucoup de gens t'ont vu voler?

malicieux méchant

piège hardi *bold trap*

astucieux *shrewd*

malin *clever*

Le berger

Bien plus que je ne saurais dire! ...

Pathelin

Ton cas est donc encore pire,
Tant mieux! ...

Le berger

Bon, mais la solution?

Pathelin

Lorsqu'on te pose une question,
Tu oublies tout, jusqu'à ton nom:
Ne réponds que par «bée» et non
Par une parole sensée.°
Tu ne sais plus qu'un seul mot: «bée!»
Même si le juge crie: «Vous
Moqueriez-vous du tribunal?»
Réponds «bée» ...

parole sensée *intelligent word*

Le berger

Ce n'est pas banal!

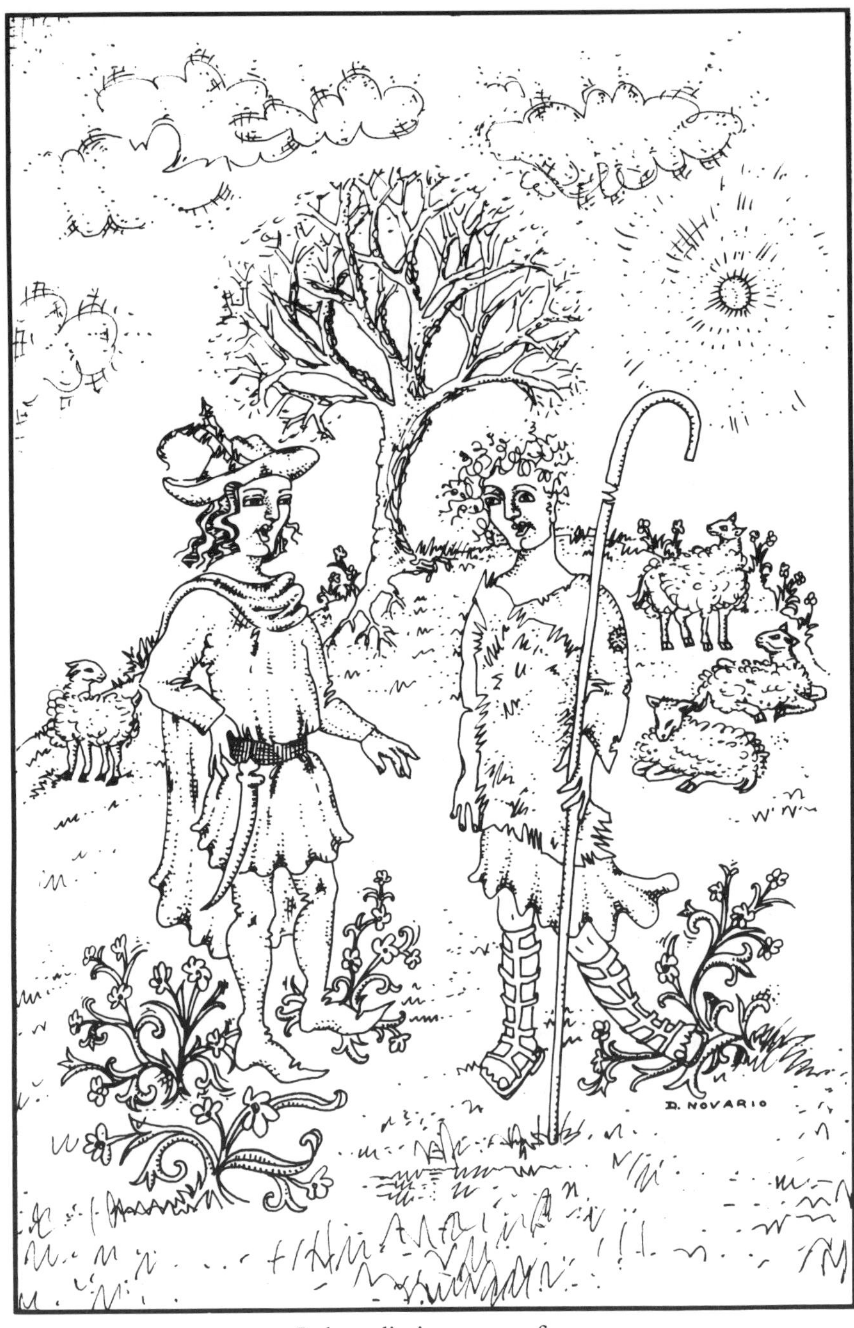

Je leur dirai que tu es fou
Que tu n'as pas toute ta tête! . . .
Que tu crois parler à tes bêtes,
Et qu'on ne peut pas te juger!

PATHELIN

Je leur dirai que tu es fou
Que tu n'as pas toute ta tête! . . .
Que tu crois parler à tes bêtes,
Et qu'on ne peut pas te juger!

LE BERGER

Je vous ai très bien écouté.
De ma bouche aucun autre mot
Ne sortira: je fais le sot,
Pour tous les gens. Même pour vous,
Je ne dit que «bée», jusqu'au bout!°

jusqu'au bout le berger n'a peut-être pas la même idée que Pathelin . . .

PATHELIN

Ton adversaire sera pris
Par cette simple moquerie.
Mais lorsque tu auras gagné,
N'oublie pas qu'il faut me payer!

LE BERGER

Vous venez de le décider,
Ce qui est dit est dit. J'irai
Selon votre avis, sans dévier.°

dévier *to deviate*

PATHELIN

Séparons-nous: il ne faut pas
Qu'on sache que je te connais.
Je ne serai ton avocat
Que par hasard. Allez!

LE BERGER

J'y vais.

(Il part.)

Pathelin

Moi, je vais d'un pas machinal°
M'avancer vers le tribunal
Pour découvrir avec émoi°
Qu'un pauvre homme a besoin de moi!

pas machinal *mechanical step*

émoi émotion

QUESTIONS

1. Qu'est-ce qui intéresse surtout Pathelin dans ce que dit le berger?
2. Doit-on dire toute la vérité à son avocat? Pourquoi?
3. Pourquoi le drapier s'est-il douté de ce que faisait son berger?
4. Pourquoi le berger ne peut-il pas nier ce qu'il a fait?
5. Pourquoi un avocat aime-t-il les cas difficiles?

SCÈNE 8

Pathelin, le juge, le drapier, le berger

Au tribunal, le juge est assis au centre;
à sa droite, debout, le drapier;
à sa gauche, debout, Pathelin et le berger.

Pathelin

(Saluant le juge.)

Bonjour! que Dieu vous donne, sire
Tout ce que votre cœur désire.

Le juge

Bienvenu. Veuillez prendre place.

Pathelin

(Reconnaissant le drapier.)

Je suis bien là, sauf votre grâce.

Le juge

(Au drapier.)

Allons-y: je ne peux rester
Très longtemps: il faut commencer.

LE DRAPIER

Mon avocat dit qu'il achève°
Un travail. Ensuite il viendra.
Avant que monseigneur se lève
Je suis certain qu'il sera là.

achève
finit

LE JUGE

Non, non, je ne peux pas attendre:
Nous commençons à vous entendre.
N'êtes-vous pas le demandeur?

LE DRAPIER

Si.

LE JUGE

Et . . . qui est le défendeur?

LE DRAPIER

(Indiquant le berger.)

Voyez ce rustre,° ce grand sot,
Qui reste là sans dire un mot.
Mais je sais bien ce qu'il en pense!

rustre
brute

LE JUGE

Puisque vous voilà en présence
Tous deux, faites votre demande.

Le drapier

Avant d'exprimer ma demande,
Je dois vous dire en vérité
Que j'avais fait la charité
À cet homme depuis l'enfance,
Lui donnant toute ma confiance.
Il travaillait pour moi: berger.

Le juge

Pouvez-vous un peu abréger?°

abréger faire court

Le drapier

M'y voilà. Il gardait mes bêtes,
Et, tout aussi vrai que vous êtes
Assis là, il en tua tant,
Que je ne peux dire combien
De moutons, et d'agneaux—les miens! . . .
Il a dérobé° en dix ans! . . .

dérobé volé

Le juge

Recevait-il quelque salaire?

Pathelin

Logé, nourri: une misère!

Le drapier

(Reconnaissant tout d'un coup Pathelin qui se cache le visage d'une main.)

Par Dieu, je ne peux me tromper
C'est vous qui m'avez abusé!

LE JUGE

(À Pathelin.)

Pourquoi vous cacher le visage?
Avez-vous mal aux dents?

PATHELIN

(Approuve de la tête.)

J'enrage!

LE JUGE

Et voilà la raison causale°
Qui dit pourquoi vous êtes pâle.

causale origine; manière snob de parler

(Au drapier.)

Allons, achevez de plaider
Ensuite il faudra procéder
Au jugement.

LE DRAPIER

(Furieux, à Pathelin.)

C'est toi, voleur!
Qui m'a pris mon drap, griveleur!°

griveleur voleur

LE JUGE

(À Pathelin.)

Mais pourquoi parle-t-il de drap?

PATHELIN

C'est qu'il ne connaît pas son cas.
Il crée, au fur et à mesure°
Une histoire qui, je vous jure,
Serait facile à démonter.°

au fur et à mesure *as he goes along*

démonter *ici,* prouver que c'est faux

LE DRAPIER

(Au juge.)

C'est mon bandit de ce matin
Qui m'a volé un drap bon teint°
Fait de laine de mes moutons.
Maintenant que nous le tenons
Je vais lui faire rendre gorge!°

teint
dye

faire rendre gorge
obliger le voleur à rendre ce qu'il a pris

PATHELIN

Comment le méchant homme forge°
Une histoire à dormir debout!°

forge
fabrique

à dormir debout
fantaisiste

LE JUGE

Et je n'y entends° rien du tout.

entends
comprends

PATHELIN

Il dit, si j'ai bien entendu,
Que son berger avait vendu
La laine dont ma robe est faite.
Comme elle viendrait de ses bêtes,
Il vous dit que je l'ai volée! . . .

LE DRAPIER

Oui! je dis que tu l'as volée,
Maudit bavard! bonimenteur!°

(Au juge.)

Il prit six aunes . . .

bonimenteur
qui raconte n'importe quoi

LE JUGE

Revenons,
Je vous en prie, à vos moutons.°

revenons à vos moutons
let's get back to the subject

Revenons,
Je vous prie, à vos moutons!

Le drapier

Du bon drap comme on en fait plus!

Le juge

Vous ne m'avez pas entendu?...
Me prenez-vous pour un idiot?
Je dois m'en aller au plus tôt!

Pathelin

Il vous fait courir...° Écoutons
L'autre partie. Car il est bon
D'avoir deux versions de l'affaire.

faire courir *ici,* se moquer

Le juge

C'est juste ce que j'allais faire.
Alors, appelons le berger.

(Au berger.)

Viens là, nous allons t'écouter.
Approche et parle!

Le berger

Bée!...

Le juge

C'est quoi
Ce bruit que j'ai entendu là?
Suis-je chèvre, dis? Parle-moi!

Le berger

Bée!...

LE JUGE

Mais il se moque, je crois!

PATHELIN

Il est fou. Il n'a plus sa tête:
Il croit parler avec ses bêtes.

LE DRAPIER

Où as-tu mis le drap, coquin,°
Que tu m'as volé ce matin?

coquin *rascal*

LE JUGE

Vous aussi, suffit! Taisez-vous
Ou je crois que je deviens fou!

LE DRAPIER

(En mélangeant tout.)

Bien. Revenons à mes moutons.
C'était un si beau drap! . . . mais bon,
Donc mes brebis . . . pardonnez-moi,
J'en suis malade . . . Ce berger
N'était là que pour les garder . . .
Lui disait me payer mon drap
De six écus, c'est leur valeur . . .
Il frappait avec tant d'ardeur
Et il en tuait tant et tant,
En leur faisant perdre le sang
Ou leur écrasant° la cervelle . . .°
Que lui mit mon drap sous l'aisselle°
Et me dis que j'aille° chercher
Mon dû° chez lui, plus un poulet!

écrasant *crushing*

cervelle *brain*

aisselle *armpit*

aille du verbe **aller**

mon dû ce qu'on me doit

LE JUGE

Tout cela n'a ni queue ni tête!°
Pour y voir plus clair, je répète:
Vous commencez par des moutons,
Puis vous parlez de beau tissu,
Vous revenez à vos moutons
Pour pleurer enfin six écus! . . .
Je crois que je n'y entends rien . . .

ni queue ni tête *neither head nor tail*

PATHELIN

Je suis sûr qu'en plus il retient
Au pauvre berger son salaire.

LE DRAPIER

(À Pathelin.)

Vous pourriez aussi bien vous taire!
Mon drap, je sais que vous l'avez
Comme Dieu sait que vous l'avez!

LE JUGE

(À Pathelin.)

Qu'est-ce qu'il a?

LE DRAPIER

J'ai, monseigneur,
Que cet homme est un grand trompeur:
J'en voudrais parler à présent.

LE JUGE

Non! Concluez rapidement.

Pathelin

Ce berger ne sait pas parler:
Monseigneur, si vous le voulez,
Je suis son avocat.

Le juge

J'admets
Qu'il lui faudrait un défenseur
Et je suis prêt à vous nommer.
Mais vous payer, lui? J'ai bien peur
Que le travail sera en vain!°

en vain pour rien

Pathelin

Mais je veux le faire pour rien!
C'est pour aider un malheureux
Qui ne saurait pas se défendre.

Le juge

C'est un bon service à lui rendre
Et je crois qu'il en est heureux.

(Au berger.)

Viens, mon ami . . .

Pathelin

(Au juge.)

Qui pourrait croire
Qu'un homme simple . . .

(Au berger.)

Tu comprends?

Le berger

Bée!

Pathelin

Bée? . . . Est-ce que tu m'entends?

Le berger

Bée!

Pathelin

Cesse enfin! . . . ou je vais boire
Un verre à ta santé,° berger! . . .
Il ne faut pas te mélanger:
Dis «oui», dis «non», cesse de braire.°
Ce n'est pas bon pour ton affaire.

(À part, au berger.)

C'est très bien, continue comme ça.

(Haut.)

Alors, réponds: tu parleras?

boire un verre . . . veut dire qu'il va se désintéresser

braire crier comme fait l'âne

Le berger

Bée!

Pathelin

Encore un!

Le berger

Bée!

PATHELIN

C'en est trop
Il semble ne savoir qu'un mot!...
Comment peut-on chercher querelle
À un pauvre homme sans cervelle?

(Au juge.)

Je suis pour qu'on l'envoie au diable:°
Trop fou pour être justiciable!°

au diable au loin

justiciable qui peut être jugé

LE DRAPIER

Je dis, moi, que loin d'être bête,
Il est plus sage que vous n'êtes.
À moi de parler maintenant
Avant de rendre un jugement.

LE JUGE

Assez de ces plaisanteries,
Je perds mon temps. Je vous en prie,
Cessons ici ce bavardage.

PATHELIN

Bravo, juge, vous êtes sage!
L'un ne dit que «bée»; quant à lui,
Il mélange drap et moutons.

LE DRAPIER

Avant de perdre la raison
Seigneur juge, je veux, à lui,

(Il montre Pathelin.)

Affirmer: je ne suis pas fou.
Je sais le mal que tu m'as fait
Et je veux raconter le fait.

(Au juge.)

En disant tout de bout en bout,°
Vous pourrez juger en conscience.

de bout en bout *from start to finish*

Pathelin

Hé! juge, imposez-lui silence!

(Au drapier.)

N'auriez-vous pas honte de battre
Ce pauvre berger pour trois, quatre,
Vieilles brebis ou vieux moutons
Qui ne valent pas deux boutons?°

boutons c'est-à-dire, qui ne valent rien

Le drapier

(À Pathelin.)

Il ne s'agit pas de moutons
Ni de brebis ni de boutons!
C'est à toi-même que je parle!
Et tu me le rendras par le
Dieu qui me sait trompé.

Le juge

(À Pathelin.)

Va-t-il un jour cesser de braire?

Le drapier

Je lui demande . . .

PATHELIN

(Au juge.)

Faites-le taire!

(Au drapier.)

Il se peut qu'il en ait° mangé,
Mais vous avez assez gagné
Sur tous ceux qu'il vous a gardés ...

ait
du verbe **avoir**

LE DRAPIER

(Au juge.)

Regardez, juge, regardez!
Je lui parle de draperie,
Il me répond de bergerie!

(À Pathelin.)

Six aunes de drap, où sont-elles?
Vous les avez mis sous l'aisselle.
Ne pensez-vous pas me les rendre?

PATHELIN

(Au drapier.)

Ah! monsieur, le ferez-vous pendre
Pour cinq ou six de vos moutons?

LE DRAPIER

Vous changez de conversation ...

(Au juge.)

Vous avez vu? Je lui demande ...

Le juge

(Excédé.°)

Je l'absous° de votre demande
Et vous défends de continuer.
Vraiment, c'est méchant de plaider
Contre un fou!

(Au berger.)

Bonjour à tes bêtes!

excédé énervé

je l'absous je le dispense

Le berger

Bée!

Le drapier

Quoi? Mon procès est fini?
Et l'on rejette ma requête?°

requête demande

Le juge

Fini. Je vous avais bien dit
Que je devais partir ailleurs.
J'en ai assez de ces plaideurs
Qui ne plaident que par plaisir.

(À Pathelin.)

Maître Pierre, allez-vous venir
Souper avec moi?

Pathelin

(Montrant sa mâchoire° pour indiquer qu'il a mal aux dents.)

Je ne peux . . .

(Le juge s'en va.)

mâchoire *jaw*

QUESTIONS

1. Pourquoi Pathelin est-il très poli envers le juge?
2. Le juge est-il intéressé par ce que dit le drapier? Pourquoi?
3. Pourquoi Pathelin se cache-t-il le visage?
4. Comment Pathelin explique-t-il la confusion du drapier?
5. Pourquoi Pathelin est-il pressé de faire parler le berger?
6. Pourquoi le drapier décrit-il en détail comment le berger tuait ses moutons?
7. D'après Pathelin, pourquoi veut-il défendre le berger?
8. Comment savons-nous que Pathelin connaît le juge? Pourquoi se connaissent-ils?

SCÈNE 9

Le drapier, Pathelin, le berger

Devant le tribunal.

Le drapier

Dieu du ciel! Suis-je malheureux!...

(À Pathelin.)

Ainsi, jamais tu ne rendras
Ni moutons, ni écus, ni drap?

Pathelin

Encore! Tu n'as plus ta tête
Ou bien fais-tu toujours la bête
À réclamer moutons et drap?

Le drapier

Je sais qui tu es, que c'est toi
Que ce matin a pris mon drap:
Je reconnais même ta voix!

Pathelin

Maître drapier, soyez certain
Que j'étais très loin, ce matin,
D'acheter drap, mouton, ou autre!...
Je récitais des patenôtres°
En l'église de Notre-Dame
Au bénéfice° de ma femme.

patenôtres prières

au bénéfice *on behalf*

Le drapier

(Qui commence à perdre la tête.)

Voyons, un visage aussi fade,°
Comment l'oublier? C'est malade
Que je vous ai vu ce tantôt°
Quand je venais manger le rôt°
Que vous m'aviez promis ... En vain!

fade
ici, sans couleurs

tantôt
après-midi

rôt
poulet rôti

Pathelin

Voyons, moi, maître Pathelin,
Avocat brillant, conseiller ...
Comment pourrais-je vous prouver
Ce que vous ne voulez pas croire?

Le drapier

Je crois que je perds la mémoire ...
Ce midi, vous étiez couché ...
Il faut que j'aille vérifier!
Je vais chez vous: si vous y êtes
Je reconnaîtrais votre tête,
Et je saurais que j'ai raison!

Pathelin

Très bien! Allez à ma maison,
Ainsi serez-vous convaincu ...

QUESTIONS

1. Pourquoi Pathelin commence-t-il a tutoyer le drapier?
2. Comment savons-nous que le drapier ne comprend plus rien?
3. Pathelin est-il content de lui? Comment le savons-nous?

SCÈNE 10

Pathelin, le berger

Toujours devant le tribunal.

Pathelin

Agnelet! . . .

Le berger

Bée!

Pathelin

Viens: mes écus!
J'ai bien résolu ton affaire.
Es-tu content?

Le berger

Bée . . .

PATHELIN

Ça suffit!
Le drapier est parti d'ici
Tu n'as plus besoin de le faire:
Ne dis plus «bée», c'est inutile . . .
L'affaire ne fut point° facile
Mais tu avais un conseiller
Qui sut° très bien se débrouiller,°
Hein?

point pas

sut **savoir,** au passé

débrouiller sortir d'une difficulté

LE BERGER

Bée! . . .

PATHELIN

Parle maintenant,
Et donne-moi tout mon argent.
Tu me le dois. Je l'ai gagné:
Mes écus! . . . J'attends!

LE BERGER

Bée! . . .

PATHELIN

Allons,
Tu as bien appris la leçon,
Tu as très bien tenu ton rôle,
Sans rire et pourtant c'était drôle!
Maintenant l'affaire est jugée
Tu m'as compris, n'est-ce pas?

LE BERGER

Bée! . . .

Pathelin

Ah non! tu ne vas pas me faire
La farce que je t'ai apprise! . . .
En voilà bien une surprise
Être grugé° par un pauvre hère,°
Moi, le roi de la tromperie! . . .
À trompeur, trompeur et demi!
Tu ne perds rien en attendant! . . .

grugé *fleeced*

pauvre hère homme misérable

Le berger

Bée! . . .

Pathelin

Je vais chercher un sergent,
Lui demander qu'il t'emprisonne!

(Pathelin va chercher un sergent.)

Le berger

(Au public.)

S'il me trouve, hé! je lui pardonne!

(Le berger s'enfuit.)

FIN

QUESTION

Pathelin est-il un bon perdant? Justifiez.

VOCABULARY

A

à dormir debout hard to believe

à la portée within reach

abattre to slaughter

abréger to shorten

absoudre to excuse

achever to finish

affaibli weak

(l')agneau *(m)* lamb

ahaner to pant

aigu sharp; shrill

(l')aisselle *(f)* armpit

alarme *here,* hurry

(l')âme *(f)* soul

arracher to pull

assommer to stun

astucieux shrewd

au bénéfice on behalf

au fur et à mesure as one goes along

au pire at the very worst

au-delà beyond

(l')aune *(m)* 1.18 meters *(old measure of length)*

aviser to see

avoir affaire à to deal with

B

(le) bavardage chattering

bénir to bless; to protect

(le) berger shepherd

bien aise happy

blanc comme neige innocent

boire to drink

(le) bonimenteur person who speaks rapidly and falsely

(la) bouillie porridge

(le) bouton button

(le) braillard bawler

braire to bray

(la) brebis ewe; flock

(la) broche spit

C

(le) **cas** case

(la) **cervelle** brain

cesser to cease

chaparder to steal

(le) **chaperon** small hat

(le) **chat noir** black cat *(symbol of the devil)*

(la) **chaumière** cottage

(le) **coquin** rascal

coudre to sew

(le) **crachat** spit

cracher to spit

(le) **créancier** creditor

(la) **crotte** dung

croupir to rot

cumuler to accumulate

(la) **cuvée** vintage (of wine)

D

de bout en bout from start to finish

de pire en pire from bad to worse

découper to cut up

(le) **défendeur** defendant

(la) **défilade** a way to escape

(le) **demandeur** plaintiff

démonter *here,* to disprove

(le) **denier** small older coin

déprimé depressed

dérober to steal

dévier to deviate

deviner to guess

dévisager to stare at

dormir to sleep

doué gifted

(le) **drapier** cloth merchant

(le) **dû** what is due

E

écrasant crushing

(l')**écu** *(m)* older coin

élimé threadbare

(l')**émoi** *(m)* emotion

empirer to get worse

emprunter to borrow

en vain to no avail

encor (encore) still, yet

enrager to be furious; to be crazed with worry

entendre to hear; to understand

épuisé exhausted

espionner to spy

(l')**étoffe** *(f)* fabric

être joué to be fooled

excédé exasperated

F

fade washed out

faire ripaille to have a feast

faire courir *here,* to make fun of

(la) **farine** flour

(le) **filou** swindler, thief

(la) **fin des temps** never

(la) **foire** market

forger to fabricate, to trump up

G

(les) **gages** *(m pl)* wages, pay

gaillard strong, vigorous

(le) **garant** guarantee

gémir to moan

gente gentle, nice *(old French)*

(le) **griveleur** thief

grommelant grumbling

grugé fleeced

guérir to regain health

H

hardiment daringly

(l')**huissier** *(m)* process server

J

jaser to gossip

justiciable competent to stand trial

L

lâcher sa proie to release one's prey

(la) **laine** wool

(le) **linceul** shroud

M

ma mie darling

(la) **mâchoire** jaw

malicieux mischievous

malin clever

manquer to lack

marmara, carimari, carimara magic words

marmonnant muttering

marri sorry *(old French)*

(le) **médisant** scandal monger

méfiant suspicious

mentir to lie

mériter to deserve

mettre to put

meugler to moo; to bawl

mien (le mien) mine

(le) **moine** monk

(le) **mouton** sheep

N

ni queue ni tête neither head nor tail

nier to deny

nul no one

P

pardi! to be sure!, of course! *(old French)*

parjure! traitor!

(la) parole sensée intelligent word

(le) pas machinal mechanical step

(les) patenôtres *(f pl)* prayers (from the Latin *Pater noster* ["Our Father"])

(le) pauvre hère poor devil, wretch

pendre to hang

perdre l'esprit to lose one's mind

perdre la tête to lose one's head, to go crazy

péremptoire terminal

(la) peste plague

péter to fart

(le) piège hardi bold trap

(le) pilori pillory

pire (le pire) worse (the worst)

(la) pitance food

plaider to go to court

(la) plaidoirie case for the defense

(le) plaisantin joker

(la) plante sole

pleurer à chaudes larmes to cry heavily

point *elegant way of saying* **pas**

(le) portrait craché spitting image

prédire to predict

(le) présage omen

prêter to lend

(le) prêtre priest

(le) procès legal case

R

râler to groan

ramasser to collect

râpé worn, shabby

rapporter to bring in

réchigner to balk

(la) récompense reward

reculer to recoil; to back away

(le) régal treat

(la) requête petition, request

ressembler to resemble

revenir à nos moutons to get back to the subject at hand

(la) rigolade tomfoolery

risible ridiculous

(le) rôt roast

rouler *qqn* dans la farine to dupe someone

(le) rustre lout

S

s'accorder to agree

sacré blasted

sans façons without fuss

sauvé saved

se débrouiller to straighten out (a problem)

se faire pendre to hang oneself

se passer de to do without

se vanter to brag

secouer to shake

serrer la main to shake someone's hand

(les) simagrées *(f pl)* fuss; faking

sire sir *(today used only for kings)*

(la) soie silk

souple supple

suffire to suffice

sur-le-champ right now

T

tant et tant so much

tantôt soon; afternoon

(le) teint dye

(le) témoin witness

tenter to tempt

(le) terme due date

terrasser to lay low; to overwhelm

tissé woven

(la) toile cloth; canvas

ton compte est bon your number's up

toper to touch a person's hand to show agreement

topons-là! agreed!, OK!

tout venant everyone

traîner to drag

trépasser to die

tromper to cheat; to deceive

(la) tromperie cheating; deception

V

valoir le coup to be worth it

(le) vaurien good-for-nothing

vêtu dressed

vilain mean

(la) viole early violin

voler to steal; to fly